LE VOTE UNIVERSEL

HONNÊTEMENT PRATIQUÉ

RAPPORT AU ROI

PAR LE MARQUIS DE FRANCLIEU

TARBES

IMPRIMERIE A.-J. LESCAMELA, RUE BOURG-VIEUX

1874

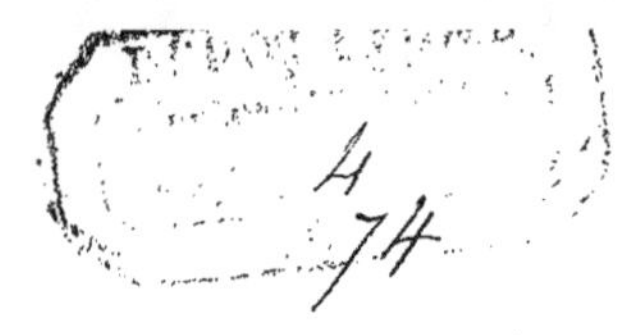

RAPPORT AU ROI

VOTE UNIVERSEL

PAR LE MARQUIS DE FRANCLIEU.

SIRE,

Dans leur inébranlable volonté de s'assurer la possession du pouvoir, les hommes qui nous dirigent encore aujourd'hui, mais qui disparaîtront nécessairement demain, ont voulu faire élaborer par l'Assemblée un ensemble de lois constitutionnelles destinées à leur assurer une prépondérance constante dans le gouvernement, en écartant à tout jamais Votre Majesté.

Une pareille œuvre ne s'accomplira pas. Tout démontre, au contraire, qu'au lieu de s'emparer définitivement de la société, ces orgueilleux, dévorés de l'ambition de tout dominer, qui ont été la cause de tous nos malheurs depuis 1789, vont être enfin confondus et forcés de rentrer dans la poussière. Leurs vains projets tomberont certainement avec eux; mais la discussion est ouverte, et, s'il y a dans ces lois beaucoup de difficultés qu'il est impossible d'apprécier sainement et, encore plus, de résoudre avant le rétablissement de la royauté, il y en a une dont la nécessité est tellement impérieuse, qu'il faut la préparer d'avance, parce que le présent et l'avenir dépendront exclusivement de ce qu'on la fera.

Je veux parler de la loi électorale. Toutes celles qu'on a décrétées depuis la première révolution ont été contre nature et ont déterminé la disparition plus ou moins prompte des régimes auxquels elles ont servi de base. La dernière, surtout, est une force ignorante et aveugle, qui se retourne invariablement et immédiatement contre tout ce qu'elle a prétendu fonder, non parce qu'une représentation élective est contraire aux lois providentielles qui ont été voulues à l'origine du monde, ni parce que le vote universel est en contradiction avec les facultés de l'homme; mais parce qu'on ne s'est jamais rendu compte de la raison d'être, ni de la mission d'une représentation, et parce qu'on n'a jamais recherché les conditions dans lesquelles il faut placer l'électeur, censitaire ou autre, pour lui inspirer l'intelligence et la volonté de bien faire.

Votre Majesté s'est préoccupée de cette redoutable question à toutes les époques de sa vie, avec le désir ardent de découvrir pourquoi tous nos essais ont échoué misérablement. Ses lettres, ses sollicitations à ses amis d'avoir à l'aider dans ses méditations, ses déclarations, tout montre le travail incessant qu'elle s'est imposé jusqu'au jour où, le 5 juillet 1871, en s'adressant à la France entière et en affirmant, comme elle l'a fait, la nécessité du vote universel, elle a prouvé qu'elle avait vaincu les difficultés devant lesquelles tous les efforts s'étaient brisés jusqu'alors.

Il a suffi d'un seul mot, à Votre Majesté, pour exprimer tout un programme. Elle a dit : je veux le vote universel *honnêtement pratiqué.*

Ce mot, d'une profondeur qui n'a pas été comprise encore, est cependant la vérité, toute la vérité. Il indique, en effet, dans le concours de tous les citoyens actifs, les droits et les devoirs de l'électeur ; droits, dont l'exercice est l'un des éléments indispensables à la vie sociale ; les devoirs, corollaires non moins obligatoires, je ne dirai pas vis-à-vis du gouvernement, mais envers le pays, sous peine de continuer et compléter notre rapide décadence.

Le droit, ici, est le moyen, pour chacun, de porter à la connaissance du pouvoir tout ce qui peut contribuer à la sécurité et à la prospérité publiques, ainsi que toutes les doléances légitimes, de manière à ce que tout ce qui est juste, bon et possible, soit invariablement acquis. Le devoir se résume dans la part de moyens d'action accordée à l'Etat et dans le plus profond respect des attributions du Roi.

Un pareil ordre de choses, que Votre Majesté croit avec toute raison parfaitement réalisable, surtout dans ce moment où, à bout de voies, la France se consume en vains efforts pour se reconstituer, déterminera dès le premier jour, entre le Roi et la représentation, une confiance et une solidarité d'où le temps se chargera de faire promptement sortir la grandeur, la prospérité, la puissance et la liberté de notre pays.

Avant d'entrer dans l'examen des conditions dans lesquelles il faut se placer pour obtenir de pareils résultats, il est indispensable de se rendre exactement compte de la raison d'être des droits et des devoirs de l'électeur. C'est parce qu'on n'est pas encore parvenu à découvrir cette loi, que nous n'avons rien pu édifier depuis 1789.

Un peuple peut subsister pendant quelque temps sans libertés publiques ; il lui est impossible de se soutenir sans un gouvernement. A l'instant même où le gouvernement qui avait milité jusqu'alors disparaît, il faut en substituer un autre, quel qu'il soit, bon ou mauvais, sous peine de voir la société se dissoudre et disparaître dans les plus affreuses convulsions.

Le gouvernement est une entreprise comme une autre, mais la plus grande de toutes, la plus complexe et la plus difficile, parce qu'elle exige le concours de toutes les facultés, de toutes les forces et de toutes les intelligences de chacun des membres de la grande famille. Une pareille mission ne saurait s'accomplir que par un ensemble plus ou moins considérable d'agents organisés hiérarchiquement, sous la direction d'un chef unique dont le nom peut varier, mais dont les fonctions sont ou devraient être partout les mêmes. Ce chef est la clé de voûte de l'édifice et le point de départ de toutes les impulsions qui mettent le corps social en mouvement.

S'il était donné à l'homme d'être complet, c'est-à-dire parfait, ou, en d'autres termes, de réunir en lui-même la connaissance de toutes les vérités, la force et la volonté de les faire prévaloir envers et contre tous, le meilleur de tous les régimes serait celui du pouvoir royal absolu, parce que ce pouvoir serait le moins compliqué de tous et que l'intérêt personnel disposerait toujours le Roi à décider pour le mieux.

La nature de l'homme s'oppose invinciblement à ce qu'il en soit ainsi. Quelque heureusement doué qu'on le suppose, quelque supérieurs que soient son intelligence, son jugement et sa volonté, l'homme reste toujours spécial, parce que, tout en possédant en lui le germe de toutes les facultés, il ne lui est donné d'en développer qu'un petit nombre. La possession de la vérité, qui est le besoin le plus impérieux du Roi, ne saurait elle-même lui être acquise directement, parce que le temps lui manque personnellement, et que tout ce qui l'entoure est intéressé, d'une manière plus ou moins inconsciente, à la lui céler.

Cela a été si bien reconnu dans tous les temps qu'on disait autrefois : *si le Roi savait !*

Il faut donc que le Roi sache, et que la vérité lui parvienne avec un caractère de certitude tel, qu'il n'ait pas à se demander si elle n'est pas dénaturée par des erreurs d'appréciations ou par les capitulations de conscience dont tout le monde, à peu près, se rend coupable, volontairement ou non, lorsqu'un intérêt personnel est en jeu.

Il ne s'agit pas seulement ici de l'intérêt de celui ou de ceux qui ont à élever la voix, mais surtout de celui du Roi; car le Roi ne peut être grand, fort, tranquille et respecté qu'à la condition de garantir à chacun une distribution égale de la justice, et de compter sur la confiance des honnêtes gens.

Comment donc parvenir à dégager la vérité de tous les voiles dont l'universalité des hommes s'empresse invariablement de la couvrir ?

Ce n'est pas par l'entourage du Roi; c'est encore moins par les diverses administrations dont se compose le gouvernement. On sait que partout et dans tous les temps, en vertu de ce que l'homme étant une puissance libre, rapportant tout à soi, et toujours porté à se servir de ses facultés ou de son pouvoir sans se préoccuper d'autrui, tout fonctionnaire est disposé à se donner le moins de peine possible et à recueillir la plus grande somme d'avantages personnels.

Or, comme c'est de la part de tous les fonctionnaires que les dénis de justice et tous les abus d'autorité proviennent, il est bien démontré que c'est à ceux qui en sont les victimes à exposer leurs réclamations et à se faire écouter.

Ce besoin s'était fait sentir avec une énergie assez grande, lorsque, de purement féodale, la royauté s'est transformée en royauté administrative, pour que les seigneurs et le clergé d'abord, puis les communes, à partir du moment où elles sont devenues libres, se fissent représenter auprès du pouvoir pour l'éclairer et l'inspirer, lui accorder les moyens d'action dont il ne pouvait se passer, en contrôler l'emploi et surveiller l'action de tous les agents du gouvernement.

Il n'est pas possible de dire que cette institution ait rempli toujours ni tout de suite sa mission d'une manière régulière ni complète; mais le principe était proclamé pour la première fois dans le monde, et comme il répondait aux besoins d'une transformation sociale, rapide dans ses effets, il était dans la force des choses qu'à travers toutes les vicissitudes que subissent les sociétés, l'embryon se développât de manière à s'élever un jour ou l'autre à la hauteur de sa tâche. Le Etats Généraux y seraient parvenus certainement, si un siècle et demi d'interruption n'avait pas fait perdre de vue leur raison d'être, et si la royauté s'était opposée, en 1789, par tous les moyens, à la réunion des trois ordres en une assemblée dont tous les membres se sont déclarés souverains et omnipotents, sans que rien au monde pût régler l'usage de leur libre arbitre.

Depuis cette époque, toutes les assemblées ont voulu être souveraines, et c'est à une prétention qu'il a toujours été impossible de réaliser que nous devons la situation désespérée à laquelle 1830 nous a ramenés.

Là est la leçon dont la France n'a pas su encore profiter, mais qu'elle est disposée à accepter, dans l'état de découragement où elle se trouve, et à bénir, le jour où Votre Majesté prendra l'initiative qu'elle seule a la puissance de rendre féconde.

Les Etats Généraux ont perdu notre pays en se transformant en Assemblée souveraine, ai-je dit. Il est facile de s'en convaincre en recherchant ce qu'est l'homme et quels sont les mobiles qui le font agir. S'il est au-dessus des forces et de la volonté du Roi de se rendre universel et omnipotent, malgré l'intérêt personnel et direct qu'il aurait à devenir tel, il est encore plus impossible d'admettre une pareille supériorité dans la personne des électeurs et de leurs représentants, tous dominés et incités, comme les fonctionnaires, par la perspective d’exploiter leur situation au détriment de tout le monde, pour peu que cela leur soit utile, ou qu’ils le supposent.

Si la vérité ne peut parvenir au trône que par une représentation, expression réelle de tous les citoyens et de tous les intérêts sociaux, il est évident que cette vérité doit passer par des contrôles assez énergiques pour la débarrasser de toute prétention illégitime. Les pouvoirs publics sont et seront toujours incompétents pour remplir une pareille mission, parce qu’ils seraient juges et parties. Il faut donc que cette élaboration se fasse dans le sein même de la représentation, à l’aide de sa propre organisation.

Les Etats Généraux peuvent nous aider singulièrement dans l’appréciation de ces conditions qui nous manquent. Ils étaient composés de trois ordres distincts, ayant des origines différentes et des intérêts particuliers à faire prévaloir, tout en étant également intéressés à la prospérité de la société. Il fallait l’accord complet des trois parties pour rendre une décision valable, et, comme chacune délibérait à part, il en résultait que rien ne pouvait être imposé par l’une des parties contre la volonté ou au détriment dès deux autres.

Les Etats Généraux étaient donc la représentation des intérêts tels qu'ils étaient formulés autrefois dans la société, mais exprimés chacun d'une manière particulière et ayant un pouvoir politique égal. La première, la plus essentielle des conséquences d'un pareil ordre de choses était de soumettre la volonté de n'importe lequel des ordres au contrôle des deux autres. C'était par excellence la garantie qu'aucune prétention particulière ne prévaudrait jamais contre l'intérêt général. Les meneurs de la révolution l'avaient si bien compris d'avance qu'ils avaient exigé et obtenu, pour le Tiers-Etat, un nombre de députés double de celui de chacun des autres ordres, et que leur première entreprise, couronnée de succès, fut de réunir tous les ordres en un seul dans lequel on substitua le vote par tête au vote par groupe.

Cette première faute a provoqué toutes les autres et déterminé une impulsion désordonnée dont l'effet a été et reste invariablement de tout briser, de tout détruire et de ne pouvoir rien remplacer.

Tant que nous resterons dans des conditions de cette nature, nous continuerons à nous affaisser sur nous-mêmes jusqu'à ce que nous ayons cessé d'être, non, ainsi que je viens de le dire,

parce que nous avons une représentation nationale prenant sa source dans le vote universel ;
mais parce que cette représentation, dont la mission est de dégager partout et pour tous la vérité, est sans cesse dominée par des habiletés
coupables, intéressées à faire prévaloir des vo-
lontés individuelles.

Quatre-vingt-cinq années de révolutions n'ont
rien changé à la question, depuis le jour où la
question a été tranchée. C'était alors au Roi à
s'opposer, n'importe comment, à une transformation de pouvoirs destinée à tout broyer, et c'est
encore au Roi à réparer tout le mal qui s'est
produit, puisqu'un siècle d'efforts infructueux
nous a réduits à une agonie dont rien, sans lui,
ne saurait plus conjurer les conséquences.

Votre Majesté sait tout cela bien mieux que
moi encore ; elle veut y pourvoir dès que cela
sera possible, et là est le secret de l'inébranlable volonté avec laquelle elle refuse de laisser
dénaturer entre ses mains une puissance dont
elle doit compte à notre pays et à Dieu, qui ne
la lui a confiée que pour nous sauver.

Il est sans doute impossible de reconstituer
les Etats Généraux tels qu'ils existaient autrefois. Deux des éléments dont ils se composaient,
la noblesse et le clergé, se sont confondus d'une

manière irrévocable avec le troisième ; mais les intérêts qu'ils représentaient n'en sont pas moins restés de deux natures différentes, la propriété et la science, malgré la transformation radicale qu'ils ont subie. Rien ne s'oppose à ce qu'on leur attribue une représentation spéciale, qui serait par elle-même une consécration nouvelle du vote universel et du principe de l'égalité devant la loi, dès le moment où tous ceux qui possèdent, peu ou beaucoup, et ceux dont la fonction est la science, soit religieuse, soit profane, seraient appelés au même titre au scrutin.

Le Tiers-Etat lui-même devrait être divisé en trois parties indépendantes, parce qu'il renfermait trois ordres d'intérêts essentiellement distincts les uns des autres, et entre lesquels l'habileté humaine est parvenue à déterminer un antagonisme ardent, qui est l'un des grands dangers du moment, au lieu de l'harmonie que tout devrait cimenter chaque jour davantage.

Ces trois intérêts sont ceux de l'Industrie, du Commerce et de la Main-d'Œuvre. Tous les trois assurément sont solidaires les uns des autres, puisque la prospérité de l'un dépend exclusivement de celle des deux autres ; mais les conditions et les moyens de travail diffèrent, et il est certain que le régime fiscal, soit par les impôts, soit par les droits de douane, influe singulièrement sur le partage des bénéfices légitimes.

Il faut donc que chacun soit formulé à part, avec une puissance égale à celle des autres, pour que la justice préside toujours à la distribution des salaires.

Ainsi, au lieu des trois ordres dont se composaient les Etats Généraux , la représentation nationale renfermerait dans son sein cinq représentations spéciales, élues chacune par l'universalité des ayant-droit, délibérant d'abord séparément, puis en commun, et exprimant le vote par groupe, au lieu du vote par tête, qui a déterminé et déterminera toujours le triomphe des mauvaises passions, des ambitions coupables et de l'exploitation des habiles, au détriment de ce qui est faible ou honnête.

Il n'est pas nécessaire d'entrer dans les détails de l'application pratique d'un pareil régime représentatif pour faire ressortir la transformation radicale qu'il opérerait à l'instant même où on le substituerait au régime actuel. On ne parviendra certainement pas du premier coup à partager les électeurs de la manière la plus satisfaisante ni à leur assurer toutes les attributions qu'il faudra leur confier ; mais il suffira que le principe soit accepté et mis en œuvre, d'autant mieux que, dès leur première réunion, chaque représentation spéciale s'empressera de chercher les moyens de redresser ou de compléter l'organisation qui la concerne; car la loi en vertu de laquelle les électeurs militeront et voteront, devra prendre en considération les différences qui existent entre les diverses spécialités, pour grouper les citoyens et les mettre en rapport ensemble.

L'Agriculture et la Propriété, l'Industrie, le Commerce, la Main-d'Œuvre et la Science n'étant pas distribués d'une manière uniforme dans le corps social, il faut bien que les points de départ de l'action correspondent aux nécessités des situations. C'est ainsi que ce point de départ sera naturellement la commune, pour l'agriculture, tandis qu'on devra le placer dans l'arrondissement pour l'industrie, le commerce et la main-d'œuvre, et dans la région pour la science, ou, tout au moins, dans le département.

Chaque groupe d'électeurs ne tardera pas à devenir une vaste corporation, absolument libre, par la faculté de chacun d'y entrer ou d'en sortir, en se conformant aux prescriptions de la loi, et sera bientôt dominé par l'esprit de corps résultant de l'influence d'un seul et même intérêt.

Indépendamment de ce que l'esprit de parti disparaîtra promptement devant une solidarité dont les avantages seront manifestes, on verra bientôt les sociétés secrètes perdre tout leur pouvoir sur les masses, par suite de l'impossibilité où elles se trouveront d'offrir plus qu'elles ne feraient perdre.

Ce résultat sera immense déjà; mais le plus important n'est pas là encore; ce sera, ainsi qu'on peut facilement s'en convaincre, de faire parvenir au Roi la vérité toute entière, dégagée d'exagération ou d'intérêt personnel, de telle sorte que le Roi et la représentation deviendront solidaires et ne feront plus qu'un contre l'administration, au lieu de ce phénomène monstrueux présenté par tous les gouvernements, depuis la Révolution, d'un pouvoir faisant alliance avec l'administration pour dominer, inspirer et exploiter la représentation.

Là est la distinction capitale entre la vraie et la fausse royauté, entre le gouvernement représentatif et le gouvernement parlementaire, régime dans lequel toute opposition a pour but une curée des places.

En effet, si, en vertu de cette disposition générale qui porte l'homme à agir comme si tout lui était dû et comme s'il ne devait rien aux autres, chacun est toujours prêt à exiger plus qu'il n'y a droit; il est bien évident que le voisin est exposé à en recevoir un préjudice et qu'il s'y opposera, pour peu qu'il en ait les moyens.

Ainsi, le propriétaire ou le cultivateur, l'industriel, le commerçant, l'ouvrier, le savant, tous, pris individuellement, réclament journellement telle mesure ou telle loi dans un intérêt exclusif, bien souvent nuisible à ceux qui vivent de la même manière qu'eux. Si toute plainte ou toute prétention était d'abord jugée par les pairs de celui qui élève la voix, on peut être assuré qu'un pareil contrôle ne laisserait passer que ce qui serait juste ou utile à la corporation.

De même, au degré supérieur, dans l'Assemblée, l'Agriculture, l'Industrie, le Commerce, la Main-d'Œuvre et la Science, exprimés chacun à l'état d'unité, seront toujours disposés à se faire la part du lion et à exiger une protection de nature à porter préjudice aux autres intérêts généraux; mais si ces autres intérêts généraux sont appelés à donner leur avis, rien de ce qui sera un dommage pour eux ne pourra être admis.

Les mêmes effets se produiront nécessairement pour toute loi proposée, quelle qu'elle le soit par le gouvernement ou par l'un des intérêts; et, si l'on ajoute à cela une incompatibilité absolue entre le mandat représentatif et les fonctions administratives, à commencer par celles du ministère, la Société et le Roi seront garantis de la manière la plus formelle contre les dangers que l'ambition des hommes politiques leur font cou rir sans le moindre scrupule.

Tel est, Sire, le programme qui m'a paru découler naturellement et nécessairement de la promesse de Votre Majesté, de nous donner le vote universel *honnêtement pratiqué*. Convaincu, par l'expérience de longues années, que sa pénétration supérieure avait toujours mis Votre Majesté en possession des vérités indispensables à sa mission providentielle, j'ai invariablement cherché à m'inspirer de sa pensée, avec la certitude qu'en dévouant ma vie au Roi, je suis vraiment le serviteur de Dieu et, surtout, celui de mon pays, dont le Roi est l'âme et l'intelligence.

Votre Majesté seule pouvait résoudre cette question effrayante entre toutes, parce qu'elle seule, par son principe indépendant de toute volonté humaine, collective ou individuelle, peut servir de limite aux abus du nombre, sans enlever à ceux dont il se compose le droit que Dieu a donné à tout homme venant en ce monde,

d'être une puissance libre, s'élevant ou s'abais-
sant suivant l'usage qu'elle fait volontairement
de ses facultés.

Je suis, Sire, avec le plus profond respect,

de Votre Majesté,

le très-humble serviteur

et fidèle sujet,

M^ls DE FRANCLIEU.

Tarbes. — Imprimerie A.-J. Lescamela, rue Bourg-Vieux, 34.